De Ontzagwekkende Kracht van Zegenen

Richard Brunton

De Ontzagwekkende Kracht van Zegenen
Gepubliceerd door Richard Brunton Ministries
Nieuw Zeeland

© 2019 Richard Brunton

Oorspronkelijke titel:
The Awesome Power of Blessing

Vertaling:
Maartje Nas – van den Berg

ISBN 978-0-473-49886-3 (Softcover)
ISBN 978-0-473-49887-0 (ePUB)
ISBN 978-0-473-49888-7 (Kindle)
ISBN 978-0-473-49889-4 (PDF)

Bij de Engelse uitgave Redactie:
Speciale dank aan
Joanne Wiklund en Andrew Killick
Voor het beter leesbaar maken van het verhaal
dan het anders misschien was geweest!

Productie & Zetwerk:
Andrew Killick
Castle Publishing Services
www.castlepublishing.co.nz

Omslag ontwerp:
Paul Smith

Schriftverwijzingen zijn genomen uit:
NBG vertaling
Copyright © 1951 door Nederlands Bijbelgenootschap

ALLE RECHTEN VOORBEHOUDEN

Niets uit deze uitgave mag worden vermenigvuldigd en/of openbaar gemaakt door middel van druk, fotokopie, microfilm, bandopname of op welke andere wijze dan ook, zonder voorafgaande schriftelijke toestemming van de uitgever.

INHOUD

Voorwoord | 5
Introductie | 9

Deel een: Waarom zegenen? | **15**
Het inzicht | 17
De kracht van ons spreken | 21
Van goed spreken naar zegenen: Onze roeping | 24
Wat is christelijk zegenen? | 26
Onze geestelijke autoriteit | 29

Deel twee: Hoe het te doen | **37**
Enkele belangrijke principes | 39
    Zorg voor een zuivere mond en levensstijl | 39
    Vraag de Heilige Geest wat te zeggen | 39
    Het verschil tussen zegenen en voorbede | 40
    Oordeel niet | 41
    Een voorbeeld ter illustratie | 42
Verschillende situaties… | 44
    Zegenen van hen die je beledigen of vervloeken | 44

Zegenen van hen die jou pijn doen of jou afwijzen	45
Zegenen van hen die je hebben geprovoceerd	48
Onszelf zegenen in plaats van vervloeken	52
Het herkennen en breken van vloeken	52
Je mond zegenen	55
Je denken zegenen	56
Onze lichamen zegenen	57
Je huis, huwelijk en kinderen zegenen	63
Een zegen van de vader	71
Anderen zegenen door het profetische vrij te zetten	76
Je werkplek zegenen	77
Zegenen van een gemeenschap	79
Het land zegenen	82
De Heer zegenen	83
Een laatste woord van een lezer	84
Toepassingen	86
Hoe wordt je een christen	88

VOORWOORD

Ik moedig je aan dit boekje, met zijn krachtige boodschap te lezen – je zult erdoor worden veranderd!

Op een morgen terwijl Richard Brunton en ik aan het ontbijt zaten, vertelde hij wat God hem had geopenbaard over de kracht van zegenen. Ik besefte direct dat dit grote gevolgen in het leven van anderen zou kunnen hebben.

Ik filmde zijn boodschap, zodat ik die kon laten zien tijdens ons mannenweekend van de kerk. De mannen die aanwezig waren, vonden het zo goed dat zij wilden dat de hele gemeente het zou horen. Mensen begonnen het in praktijk te brengen in elk gebied van hun leven en als gevolg daarvan hoorden we verbazingwekkende getuigenissen. Een zakenman vertelde dat zijn zaak binnen twee weken van 'geen winst naar winst' was gegaan. Anderen waren lichamelijk genezen nadat zij waren begonnen hun lichaam te zegenen.

Er begonnen deuren open te gaan die gelegenheid boden om deze boodschap te delen. Ik had in Kenia en Oeganda afspraken om tijdens een bijeenkomst van de 'Vergadering van Generaals' (waar voorgangers samen komen om te leren en verkwikt te worden) te spreken. Richard vergezelde mij op die reis en nam een sessie over zegenen voor zijn rekening. De boodschap doorbrak lang begraven leegheid en pijn. De meeste mensen in deze bijeenkomst waren nooit gezegend geweest door hun vaders. Terwijl Richard die rol op zich nam en hen zegende, huilden velen en ervoeren velen emotionele en geestelijke vrijzetting, gevolgd door een directe verandering in hun leven.

Weten hoe te zegenen heeft mijn leven zodanig veranderd, dat ik nu naar gelegenheden zoek om anderen in 'woord en daad' te zegenen – door wat ik zeg en doe. Je zult van dit kleine boek genieten, en wanneer je het in je leven toepast, zal je vrucht rijk en overvloedig zijn voor het Koninkrijk van God.

Geoff Wiklund
Geoff Wiklund Ministries,
Chairman, Promise Keepers,
Auckland, Nieuw Zeeland

God heeft Richard gezegend met een openbaring van de kracht van zegenen, wanneer die over anderen wordt vrijgezet. Ik geloof dat dit een openbaring van God is voor onze tijd.

Doordat Richard zijn boodschap ook uitleeft, brengt dit een authenticiteit die mensen direct herkennen.

Dit heeft ons ertoe aangezet Richard uit te nodigen om te spreken tijdens al onze mannen bijeenkomsten van Promise Keepers. De impact was geweldig krachtig en voor velen levensveranderend.

'Zegenen' was een onderwerp dat de harten van mannen tijdens de bijeenkomsten van Promise Keepers bereikte en aangreep. Er was een vloedgolf van positieve reacties op dit belangrijke onderwijs – zegenen, zegening en de kracht van 'goed' spreken. Velen van de mannen hadden nog nooit werkelijk zegen ontvangen of aan anderen gegeven. Nadat zij Richards boodschap hadden gehoord, en dit boek hadden gelezen, ontvingen zij een krachtige zegen en waren toegerust om anderen in de naam van de Vader, de Zoon en de Heilige Geest te zegenen.

Ik beveel Richard en dit boek over *De Ontzagwekkende Kracht van Zegenen* van harte aan als een krachtige manier om de volheid van Gods zegen in onze families, onze gemeenschappen en onze natie vrij te zetten.

Paul Subritzky
Nationaal Directeur, Promise Keepers
Auckland, Nieuw Zeeland

INTRODUCTIE

Iedereen houdt ervan opwindend nieuws te horen – en het is zelfs nog beter wanneer jíj het mag vertellen!

Toen ik de waarde van het geven van een zegen ontdekte, was het alsof ik die man in de Bijbel was die de schat in de akker had gevonden. Ik deelde mijn gedachten en ervaringen vol enthousiasme met voorganger Geoff Wiklund en hij vroeg mij om, tijdens een kamp in februari 2015, de mannen van zijn kerk toe te spreken. Zij waren er zo van onder de indruk dat zij wilden dat de hele kerk deze boodschap zou horen.

Toen ik in de kerk sprak, bleek dat eerwaarde Brian France van Charisma Chrisitan Ministries, en Paul Subritzky van Promise Keepers Nieuw Zeeland, aan die dag deelnamen. Dit resulteerde erin dat ik bij Charisma in Nieuw Zeeland en in Fiji de boodschap deelde, en ook met de mannen van Promise

Keepers. Velen pakten het op en begonnen het direct in praktijk te brengen – met geweldige resultaten. Sommigen vertelden dat zij nooit eerder onderwijs over dit aspect van het Koninkrijk van God hadden gehoord.

De bediening van het zegenen leek een waar sneeuwbaleffect te hebben. (Zegt God niet: 'De gave van een man maakt ruimte voor hem'?) Tegen het einde van 2015 vergezelde ik pastor Geoff naar Kenia en Oeganda. Hij bediende honderden voorgangers die de 'Gathering of the Generals' (Vergadering van de Generaals) bijwoonden. Dit was een jaarlijkse bijeenkomst waar de deelnemers inspiratie en ondersteuning zochten, en Geoff had de indruk dat mijn boodschap over zegenen hen zou helpen. En dat bleek ook zo te zijn. Niet alleen de voorgangers, maar ook andere sprekers uit Amerika, Australië en Zuid-Afrika ervoeren het als een krachtige boodschap en moedigden mij aan iets te ondernemen om een groter publiek te bereiken.

Ik wilde noch een website bouwen en onderhouden, noch een diepgravend werk schrijven, omdat er al uitstekende bestaan. De boodschap van zegenen is heel eenvoudig – makkelijk in praktijk te brengen – en ik wilde haar eenvoud niet verloren laten gaan in iets ingewikkelds, vandaar dit kleine boek.

Ik heb geciteerd uit *'The Power of Blessing' (De Kracht van Zegenen)* door Kerry Kirkwood; *'The Grace Outpouring: Becoming a People of Blessing' (Uitstorting van genade: een zegenend volk worden)* door Roy Godwin en Dave Roberts; *'The Father's Blessing' (De Zegen van de Vader)* door Frank Hammond, en *'The Miracle and Power of Blessing' (Het Wonder en de Kracht van Zegenen)* door Maurice Berquist. Ik weet zeker dat ik ook van andere mensen en boeken heb geleerd of uit hen heb geput, maar door de jaren heen is dat allemaal tot een geheel samengesmolten.

De kracht van zegenen ontdekken zal een hele nieuwe manier van leven openen voor iedereen die ernaar handelt. Ik zegen mensen bijna iedere dag – gelovigen en ongelovigen – in cafés, restaurants, hotels, wachtkamers en zelfs op straat. Ik heb wezen gezegend, dieren, portemonnees, bedrijven en medische condities. Volwassen mannen en vrouwen huilden aan mijn borst, nadat ik een zegen van een vader over hen had uitgesproken.

Wanneer ik met ongelovigen spreek, heb ik ontdekt dat 'Mag ik u / uw bedrijf / uw huwelijk etc. zegenen?' minder bedreigend overkomt dan 'Kan ik voor u bidden?' Deze eenvoudige benadering, met liefdevolle zorg geuit, heeft – na jaren van argumenteren – er inderdaad toe geleid dat een van mijn familieleden de liefde en verlossende kracht van Jezus Christus heeft leren kennen.

Vaak ben ik geen getuige van de uitkomst, maar ik heb genoeg gezien om te weten dat zegenen levens verandert. Het heeft ook het mijne veranderd.

Het is Gods aard om te zegenen en, als schepselen die naar Zijn beeld zijn gemaakt, zit het eveneens in óns geestelijk DNA. De Heilige Geest wacht op Gods volk om in geloof en in de autoriteit die Jezus Christus voor hen heeft gewonnen, uit te stappen, zodat levens worden getransformeerd.

Ik weet zeker dat dit boekje behulpzaam zal zijn. Jezus

heeft ons niet krachteloos achtergelaten. Zegen uitspreken in allerlei situaties is een veronachtzaamde geestelijke genade die de potentie in zich heeft onze wereld te veranderen.

Geniet ervan.
Richard Brunton

DEEL EEN:

Waarom zegenen

HET INZICHT

Mijn vrouw Nicole komt uit Nieuw-Caledonië en dat betekende natuurlijk dat ik Frans moest leren spreken en langere tijd in haar geboorteplaats, Noumea, moest doorbrengen. Hoewel Nieuw-Caledonië hoofdzakelijk een katholiek land is, duurde het niet lang voor ik ontdekte dat veel mensen nog steeds contact hadden met de 'donkere zijde', terwijl zij ook hun religie praktiseerden. Het was niet ongebruikelijk dat mensen een medium, helderziende of een *genezer* bezochten, zonder dat zij beseften dat zij zich inlieten met hekserij.

Ik herinner mij dat mijn vrouw mij meenam op visite bij een jonge vrouw van in de twintig, die naar een van deze 'genezers' was gebracht, maar die, kort daarna, in een tehuis voor mentaal verwarde of depressieve mensen belandde. Omdat ik begreep dat zij christen was, beval ik de demonen die bij haar binnengekomen waren, haar te verlaten in de naam van Jezus Christus. Een katholieke priester bad eveneens mee en zo werd dit meisje bevrijd. Niet lang daarna werd zij uit het instituut ontslagen.

Anderen praktiseerden hun katholieke religie en desalniettemin stelden zij beelden en voorwerpen van andere goden openlijk tentoon. Ik ontmoette een van hen, een man die chronische maagproblemen had. Op een dag zei ik hem dat ik geloofde dat wanneer hij de grote, dikke Buddha die voor zijn huis stond – en die 's nachts verlicht werd – zou wegdoen, zijn maagproblemen zouden verdwijnen. Daarnaast zouden ook voorwerpen die hij had verzameld moeten verdwijnen. Hij weigerde – hoe was het mogelijk dat deze 'dode' dingen hem ziek maakten? Na enkele maanden zag ik hem weer en vroeg hoe het met zijn maag was. Wat schaapachtig antwoordde hij: 'Ik heb je advies uiteindelijk toch opgevolgd en de Buddha weggedaan. Mijn maag is nu in orde'.

Bij een andere gelegenheid werd ik gevraagd naar het huis van een vrouw met kanker te gaan. Voor ik begon te bidden, stelde ik voor het beeld van Buddha in hun huiskamer te verwijderen, wat haar echtgenoot direct deed. Toen ik de vloeken over haar verbrak en de demonen in de naam van Jezus gebood haar te verlaten, beschreef zij een ijzige kou die van haar voeten in haar lichaam omhoog bewoog en haar via haar hoofd verliet.

Tegen deze achtergrond besloot ik daarom aan een gebedsgroep, die mijn vrouw en ik in ons appartement in Noumea waren begonnen, een cursus te geven over 'vloeken'. Het onderwijs was gebaseerd op het werk van Derek Prince, een vermaard Bijbelleraar in de twintigste eeuw. Terwijl ik mijn boodschap in het Frans aan het voorbereiden was, ontdekte ik dat hun woord voor vervloeken *malédiction* was, en hun woord voor zegenen *bénédiction* was. De oorspronkelijke betekenis van deze woorden zijn 'kwaad spreken' en 'goed spreken'.

Voorheen, wanneer ik vervloeken en zegenen met elkaar vergeleek, scheen vervloeken duister, zwaar en gevaarlijk te zijn, en zegenen scheen tamelijk luchtig en goedaardig. Ik had al eerder onderwijs over vervloeken gehoord, maar nooit over zegenen – wat waarschijnlijk aan mijn indruk bijdroeg. Ik had ook nog nooit iemand een ander horen zegenen met werkelijk gerichte aandacht en effect. Wat de zegen van een christen in feite vaak inhoudt, is 'gezondheid' zeggen wanneer iemand niest, of 'Gods zegen' onderaan een brief of e-mail te schrijven – meer als een gewoonte dan als een gemeende zegen.

Later, toen ik over deze woorden nadacht, 'malédiction' en 'bénédiction', drong het tot me door dat wanneer 'kwaad spreken' krachtig was, 'goed spreken' dan tenminste net zo krachtig zou moeten zijn en, met God, waarschijnlijk veel krachtiger.

Deze openbaring, samen met andere inzichten waar ik later in dit boek op zal terugkomen, hebben mij op een spoor gezet van het ontdekken van de *kracht* van zegenen.

DE KRACHT VAN ONS SPREKEN

Datgene wat vele goede boeken over de kracht van onze woorden hebben gezegd, wil ik niet herhalen, maar ik zal een samenvatting geven van wat ik geloof dat op dit gebied erg belangrijk is.

Wij weten dat:

Leven en dood zijn in de macht van de tong, wie aan haar toegeeft, zal haar vrucht eten. (Spreuken 18:21)

Woorden bevatten enorme kracht – óf positief en opbouwend, óf negatief en afbrekend. Elke keer dat wij woorden spreken (en zelfs een bepaalde intonatie gebruiken, die betekenis aan de woorden toevoegt), spreken wij óf leven óf dood tot hen die ons horen en tot onszelf. Verder weten wij dat:

> ...*uit de overvloed van het hart spreekt de mond. Een goed mens brengt uit zijn goede schat goede dingen voort, en een slecht mens uit zijn boze schat boze dingen. (Matteüs 12:34-35)*

Uit een kritisch hart spreekt dus een kritische tong; uit een zelf-rechtvaardigend hart een veroordelende tong; uit een ondankbaar hart een klagende tong; enzovoort. Evenzo draagt een hart vol lust overeenkomstige vrucht voort. De wereld loopt over van negatieve praat. De media spuugt het dag na dag uit. Met een menselijke natuur die is zoals hij is, hebben wij niet de neiging goed over mensen of omstandigheden te spreken. Het komt ons niet van nature aanwaaien. We wachten vaak totdat mensen dood zijn voor wij aardige dingen over hen zeggen. Echter, de 'goede schat' komt voort uit liefhebbende harten, die met een genadige, vriendelijke tong zullen spreken; vanuit vredige harten, een verzoenende tong; enzovoort.

De uitspraak, 'en wie aan haar toegeeft, zal haar vrucht eten' suggereert dat we zullen oogsten wat wij zaaien – of het nu goed of slecht is. Met andere woorden, je zult krijgen wat je zegt. Wat denk je daarvan?

Het is waar voor alle menselijke wezens, ongeacht of zij nu een christelijk geloof hebben of niet. Zowel christenen als niet-christenen kunnen woorden van leven spreken – bijvoorbeeld, elk zou kunnen zeggen: 'Jongen, dat is een geweldige hut die je hebt gebouwd. Je zou op een dag een uitstekende aannemer of architect kunnen worden. Goed gedaan.'

Echter, een wedergeboren christen heeft een nieuw hart. De Bijbel zegt dat wij een 'nieuwe schepping' zijn (2 Korintiërs 5:17). Daarom zouden wij als christenen vaker *goed* moeten spreken en niet zo vaak *slecht*. We kunnen heel makkelijk vervallen in negativiteit als we niet goed opletten om over onze harten en woorden te waken. Wanneer je hier eenmaal bewust over nadenkt, zul je verbaasd zijn over hoe vaak christenen – zelfs onbewust – zichzelf en anderen vervloeken. Later hier meer over.

VAN GOED SPREKEN NAAR ZEGENEN: ONZE ROEPING

Als christenen kunnen wij, met het leven van de Heer Jezus door ons heen stromend, verder gaan dan alleen maar 'goed spreken' – wij kunnen zegeningen over mensen of situaties uitspreken en uitdelen – en wij zijn daar inderdaad toe geroepen. Misschien is zegenen wel onze grootste roeping. Lees het volgende:

> *Wees barmhartig en ootmoedig, en vergeldt geen kwaad met kwaad of laster met laster, maar zegent integendeel, wijl gij hiertoe geroepen zijt, dat gij zegen zoudt beërven. (1 Petrus 3:8b-9)*

Wij zijn geroepen om te zegenen en om zegen te ontvangen.

Het eerste wat God tot Adam en Eva sprak, was een zegen:

> *En God zegende hen, en God zeide tot hen: 'Weest vruchtbaar en wordt talrijk; vervult de aarde en onderwerp haar...' (Genesis 1:28)*

God zegende hen opdat zij vruchtbaar konden zijn. Zegenen is een eigenschap van God – het is wat Hij doet! En net als God – en van God – hebben wij de autoriteit en de macht om anderen te zegenen.

Jezus zegende. Het laatste dat Hij deed, zelfs toen hij op het punt stond naar de hemel op te varen, was Zijn discipelen zegenen:

> *En Hij leidde hen naar buiten tot bij Betanië en Hij hief de handen omhoog en zegende hen. En het geschiedde, terwijl Hij hen zegende, dat Hij van hen scheidde (en in de hemel werd opgenomen). (Lukas 24:50-15)*

Jezus is ons rolmodel. Hij zei dat wij in Zijn naam dezelfde dingen zouden doen als Hij. Wij zijn door God ontworpen om te zegenen.

WAT IS CHRISTELIJK ZEGENEN?

In het Oude Testament is het Hebreeuwse woord voor 'zegenen' het woord *barak*. Dit betekent eenvoudigweg, 'de bedoeling van God uitspreken'.

In het Nieuwe Testament is het Griekse woord voor 'zegenen' het woord *eulogia*, waar wij het woord 'eulogie' van krijgen. In de praktijk betekent dit 'goed te spreken over' iemand of, over iemand 'het plan en de gunst van God uitspreken'.

Dit is de definitie van zegenen die ik voor dit boek wil gebruiken. Zegenen is het plan of de gunst van God over iemand of een situatie uitspreken.

God heeft in Zijn wijsheid besloten om Zijn werk op aarde voor een belangrijk deel te beperken tot wat Hij door Zijn volk kan bewerkstelligen. Dit is hoe Hij Zijn Koninkrijk op aarde brengt. Dienovereenkomstig wil Hij dat wij in Zijn naam zegenen. Dus als christen kan ik, in de naam van Jezus, Gods plannen of gunst over iemand of een situatie uitspreken. Wanneer ik dat met geloof en liefde doe, dan heb ik de kracht van de hemel staan achter wat ik zeg, en kan ik verwachten dat God in beweging komt om dingen ten goede te veranderen. Wanneer ik iemand doelbewust zegen, met liefde en in geloof, dan stel ik God in staat Zijn plannen voor die persoon te activeren.

Aan de andere kant kan iemand doelbewust, of vaak onbewust, de bedoelingen van satan over iemand of zichzelf uitspreken, wat de demonische machten vervolgens in staat stelt hun plannen voor die persoon te activeren – ofwel, te stelen, doden en vernietigen. Maar, prijs God,

> *Hij die in u is, is groter dan hij die in de wereld is.*
> *(1 Johannes 4:4)*

Het is Gods hartsverlangen om te zegenen – inderdaad, het is Zijn aard! Gods verlangen om te zegenen is verbazingwekkend extravagant. Niets kan Hem stoppen. Hij is vastbesloten om de mensheid te zegenen.

Zijn verlangen is dat Jezus heel veel broers en zussen zal hebben. Dat zijn wij! Echter, hoewel het hartsverlangen van God is de mensheid te zegenen, verlangt Hij er nog meer naar dat Zijn volk elkaar zal zegenen.

Wanneer wij in Jezus' naam zegenen, komt de Heilige Geest, omdat wij iets reflecteren van wat de Vader doet: wij spreken de woorden waarvan de Vader verlangt dat zij uitgesproken worden. Ik ben steeds weer verbaasd over hoe waar dit is. Wanneer ik iemand zegen, dan is de Heilige Geest erbij betrokken – Hij raakt de andere persoon aan, liefde wordt uitgegoten en dingen veranderen. Vaak omarmen mensen mij naderhand, of huilen zij en zeggen, 'U weet niet hoe tijdig en krachtig dat was', of 'U weet niet hoezeer ik dat nodig had'.

Maar hier is iets wat erg belangrijk is om te onthouden; wij zegenen vanuit een plaats van intimiteit met God, vanuit Zijn tegenwoordigheid. Onze geestelijke nabijheid tot God is uitermate belangrijk. Onze woorden zijn Zijn woorden en zij zijn gezalfd met Zijn kracht om Zijn bedoelingen voor die persoon of situatie te bereiken. Maar, laten we nog even een stapje terug doen…

ONZE GEESTELIJKE AUTORITEIT

In het Oude Testament waren het de priesters die voorbede voor het volk deden en zegeningen over hen uitspraken.

Zo zult gij de Israëlieten zegenen. Zeg tot hen:

De Here zegene u en behoede u
De Here doe Zijn aangezicht over u lichten
En zij u genadig
De Here verheffe Zijn aangezicht over u
En geve u vrede.

Zo zullen zij Mijn naam op de Israëlieten leggen, en Ik zal hen zegenen. (Numeri 6:23-27)

In het Nieuwe Testament worden wij christenen genoemd:

> *Een uitverkoren geslacht, een koninklijk priesterschap, een heilige natie, een volk (Gode) ten eigendom, om de grote daden te verkondigen van Hem, die u uit de duisternis geroepen heeft tot zijn wonderbaar licht. (1 Petrus 2:9)*

En Jezus

> *...heeft ons tot een koninkrijk, tot priesters voor zijn God en Vader gemaakt... (Openbaring 1:6)*

Een tijdje terug zat ik op Ouen Toro, een uitzichtpunt in Noumea, zoekend naar een boodschap die ik aan een gebedsgroep kon brengen. Ik had de indruk dat God zei, 'Je weet niet wie je bent'. Toen, enkele maanden later: 'Als je eens wist welke autoriteit je in Christus Jezus hebt, dan zou je de wereld veranderen'. Beide boodschappen waren voor een specifieke groep mensen, maar ik realiseerde me pas later dat ze ook voor mij bedoeld waren.

Ik denk dat het in christelijke kring algemeen bekend is dat het direct aanspreken van een ziekte of conditie (een 'berg' – Markus 11:23) en een genezing te bevelen, veel effectiever is dan God te vragen het te doen (Matteüs 10:8; Markus 16:17-18). Dit is zeer zeker mijn ervaring geweest en de ervaring van vele andere goed bekende en gerespecteerde mensen, die actief en succesvol zijn in de genezings- en bevrijdingsbediening. Ik geloof dat Jezus eigenlijk zei, 'Geneest *u* de zieken (in mijn naam). Het is niet *Mijn* werk, het is *uw* werk. *Doet u het*.'

God wil genezen en Hij wil het door ons doen. God wil bevrijden en Hij wil het door ons doen. God wil zegenen en Hij wil het door ons doen. Wij kunnen *God* vragen om te zegenen, of *wij* zegenen in Jezus' naam.

Ik herinner me dat ik enige jaren geleden de tijd nam om vroeg naar mijn werk te gaan om mijn bedrijf 'Colmar Brunton' te zegenen. Ik begon met, 'God, zegen Colmar Brunton'. Het voelde leeg. Toen veranderde ik het – eerst enigszins timide – van 'God, zegen Colmar Brunton' in:

Colmar Brunton, ik zegen jou in de naam van de Vader, de Zoon en de Heilige Geest.

Ik zegen jou in Auckland, en ik zegen jou in Wellington, en ik zegen jou in de regio's. Ik zegen jou op het werk en ik zegen jou thuis. Ik zet het Koninkrijk van God op deze plek vrij. Kom Heilige Geest, U bent hier welkom.
Ik zet liefde en vreugde en vrede en geduld en vriendelijkheid en goedheid en zachtmoedigheid en trouw en zelfbeheersing en eenheid vrij.
In de naam van Jezus, zet ik ideeën van het Koninkrijk van God vrij die onze cliënten zullen helpen om succesvol te zijn en de wereld tot een betere plaats te maken.
Ik zet gunst voor onze cliënten op de markt vrij.
Ik zet gunst vrij op de arbeidsmarkt.
Ik zegen onze visie: 'Betere Zaken, Betere Wereld'.
In Jezus' naam.

Ik voelde me daarbij geleid om het teken van het kruis bij onze entree te plaatsen en paste in de geest de bescherming van het bloed van Jezus over ons bedrijf toe.

Vanaf het moment dat ik 'God, zegen Colmar Brunton' veranderde in 'Ik zegen Colmar Brunton in de naam van de Vader, de Zoon en de Heilige Geest', viel de zalving van God op mij – ik voelde het genoegen en de bevestiging van God. Het was alsof Hij zei, 'Je begrijpt het, mijn zoon; dat is wat Ik wil dat je doet'. Hoewel ik het nu honderden keren heb gedaan, voel ik altijd Gods genoegen erover. En de resultaten? De atmosfeer in het kantoor is veranderd, en snel ook. Zo zeer zelfs dat mensen er openlijk over spraken en zich afvroegen waarom dingen zo anders waren. Het was werkelijk verbazingwekkend! Zegenen kan de wereld werkelijk veranderen.

Maar daar eindigde het niet. 's Morgens, wanneer het kantoor nog leeg was, en ik bij de stoel van iemand kwam die wijsheid nodig had voor een specifieke situatie, zegende ik hen, legde mijn handen op de stoel, gelovende dat een zalving die de zegen zou vervullen in de stof van de stoel overgebracht zou worden en daardoor ook op de persoon die erop zou zitten (Handelingen 19:12). Steeds wanneer ik me bewust was van specifieke behoeften waarmee mensen werden geconfronteerd, zegende ik hen op die manier.

Ik herinner me in het bijzonder een bepaalde persoon die de gewoonte had te vloeken – dat wil zeggen, hij gebruikte Gods naam als een stopwoord. Op een morgen legde ik mijn handen op zijn stoel en bond de geest van vloeken in Jezus' naam. Er waren meerdere keren voor nodig, maar uiteindelijk moest de boze geest die erachter zat de knie voor een grotere macht buigen en het vloeken verdween uit het vocabulaire van deze man.

Ik herinner me ook een man die voor gebed bij mij kwam en wilde dat God hem uit zijn werkplek zou halen omdat iedereen daar vloekte. Ik nam een tegenovergestelde houding aan: deze man was daar om zijn werkplek te zegenen en de atmosfeer te veranderen! Wij kunnen de wereld veranderen.

Hoewel God ernaar verlangt de mensheid te zegenen, heb ik de visie ontwikkeld dat Hij er nog meer naar verlangt dat wij – Zijn volk, Zijn kinderen – de mensheid zegenen. U heeft geestelijke autoriteit. *U zegent!*

Onze hemelse Vader wil dat wij in Zijn verlossend

werk *participeren*, met Hem *meewerken*. Wij kunnen de mensheid zegenen met genezing en bevrijding, maar wij kunnen de mensheid ook zegenen met onze woorden. Wij zijn het volk dat God gebruikt om de wereld te zegenen. Wat een voorrecht en wat een verantwoordelijkheid!

Wat mij betreft is zegenen het uitspreken van Gods goede plannen over de levens van mensen of over situaties, met liefde, open ogen, doelbewust, met autoriteit en kracht, en wel vanuit onze, door de Heilige Geest gevulde, geest. Eenvoudig gezegd is zegenen: in geloof handelen door Gods plan voor de persoon of situatie uit te spreken. Wanneer wij Gods plan uitspreken, dan zetten wij Zijn vermogen vrij om dingen te veranderen, van waar zij zijn tot waar Hij wil dat ze zijn.

En bedenk – wij worden gezegend omdat wij zegenen.

DEEL TWEE:

Hoe het te doen

ENKELE BELANGRIJKE PRINCIPES

Zorg voor een zuivere mond en levensstijl

> *Uit dezelfde mond komt zegening en vervloeking voort. Dit moet, mijn broeders, niet zo zijn! (Jakobus 3:10)*

> *Indien u uitspreekt wat waarde heeft, zonder vermetele taal, zult u als mijn mond zijn. (Jeremia 15:19b)*

Wanneer je Gods bedoelingen over mensen wilt uitspreken, dan zul je moeten voorkomen dat je waardeloze woorden spreekt – of erger dan waardeloos.

Vraag de Heilige Geest wat te zeggen

Wek je geest op (door aanbidding of het spreken in tongen). Vraag de Heilige Geest jou de liefde van de

Vader voor de persoon die je wilt zegenen te laten ervaren. Bid zoiets als dit:

> *Vader, wat verlangt U dat er gezegd wordt? Geeft U alstublieft een woord van zegen voor deze persoon. Hoe kan ik hem of haar bemoedigen of troosten?*

Het verschil tussen zegenen en voorbede
De meeste mensen merken dat het best moeilijk is om zegen te leren uitspreken. Zonder uitzondering beginnen zij met 'voorbede', en vragen de Vader om te zegenen. Ook al is dit goed om te doen, een op deze manier uitgesproken zegen is eigenlijk een gebed. Het is belangrijk te weten wat het verschil is. Het uitspreken of proclameren van zegeningen is geen vervanging van gebed en voorbede, maar is daar een metgezel van – zij zouden regelmatig samen moeten gaan.

De auteurs Roy Godwin en Dave Roberts verwoorden het in hun boek *The Grace Outpouring* op een hele goede manier:

Wanneer wij zegenen, kijken wij de persoon in de ogen (als de situatie dat toelaat) en spreken hem of haar direct aan. Wij zeggen bijvoorbeeld iets als, 'Ik zeg je in de naam van de Heer, dat de genade van de Heer Jezus op je zal rusten. Ik zegen je in Zijn naam, dat de liefde van de Vader je zal omgeven en vervullen; dat je in het diepst van je wezen zal weten hoe zeer en volkomen Hij je accepteert en over je juicht'.

Merk de persoonsvorm 'ik' op. Ik ben het die in de naam van Jezus rechtstreeks zegen over de persoon uitspreekt. Ik heb God niet gebeden om een zegen, maar heb een zegen uitgesproken en daarbij de autoriteit gebruikt die Jezus ons geeft om zegen over de mensen uit te spreken, zodat Hij kan komen en hen zal zegenen.

Oordeel niet
Oordeel niet of iemand al dan niet een zegen verdient. Ware zegen, over iemand of iets uitgesproken, beschrijft de manier waarop God hen ziet. Gods focus

is niet gericht op hoe zij er op dat moment voor staan, maar eerder op de manier waarop zij bedoeld zijn.

God noemde Gideon bijvoorbeeld *'dappere held'* (Richteren 6:12) op het moment dat hij verre van heldhaftig was! Jezus noemde Petrus een *'rots'* (Matteüs 16:18) voordat hij de 'schouders' had om de afhankelijkheid die andere mensen van hem hadden te dragen. Bovendien, lezen wij, *'God ... die de doden levend maakt en het niet zijnde tot aanzijn roept.'* (Romeinen 4:17b). Als wij dit begrijpen dan zal dit onze neiging elimineren om als 'rechter' te bepalen of iemand een zegen verdient.

Hoe minder iemand zegen verdient, des te meer hij of zij het nodig heeft. Mensen die onwaardige mensen zegenen, ontvangen daarvoor in de plaats de grootste zegen.

Een voorbeeld ter illustratie
Stel je een man voor, genaamd Fred, die een drankprobleem heeft. Freds vrouw is niet blij met hem, dus bidt zij misschien zoiets als: *'God zegen Fred. Zorg dat*

hij het drinken opgeeft en naar mij luistert.' Het zou echter veel krachtiger zijn om iets te zeggen als:

> *Fred, ik zegen je in Jezus' naam. Mogen de plannen van God voor jouw leven vervuld worden. Dat je de man, echtgenoot en vader zal worden die God jou bedoeld heeft te zijn. Ik zegen je met vrijheid van je verslaving. Ik zegen je met de vrede van Christus.*

De eerste zegen verplaatst het probleem naar God. Het vraagt geen inspanning – het is gemakzuchtig. Het is ook veroordelend en zelf-rechtvaardigend, en richt zich op de zonden van Fred.

De tweede zegen vraagt meer inspanning en meer liefde. Het is niet veroordelend en het richt zich meer op de mogelijkheden van Fred dan op zijn huidige staat. Ik hoorde iemand onlangs zeggen dat satan onze naam en ons potentieel kent, maar ons bij onze zonde noemt, terwijl God onze zonde kent, maar ons bij onze ware naam en ons potentieel noemt. De tweede zegen is meer in overeenstemming met Gods plan en bedoelingen. Het reflecteert het verlossende hart van God. Onthoud goed, God houdt van Fred.

VERSCHILLENDE SITUATIES WAARMEE WE GECONFRONTEERD KUNNEN WORDEN

Ik ben een leerling in zegenen. Toen ik begon, wist ik niet hoe te zegenen en vond ik ook niet veel dat mij hielp. Ik realiseerde me al vrij snel dat er heel veel verschillende situaties zijn, daarom wil ik je de volgende suggesties aan de hand doen. Je kunt ze aanpassen aan de behoeften van jouw specifieke situatie, en overeenkomstig wat je gelooft dat de Heilige Geest wil dat je zegt. Het vraagt oefening, maar het is het waard.

Zegenen van hen die je beledigen of vervloeken
Jaren geleden kwam een werknemer, die kort daarvoor ontslag had genomen, naar mijn huis voor een kop koffie om afscheid te nemen. Haar geloofsovertuigingen lagen meer in lijn met de New Age – de 'godin binnenin', en dergelijke. Tijdens ons gesprek

zei ze dat de laatste twee bedrijven waar zij voor had gewerkt, en ook weer had verlaten, vervolgens failliet waren gegaan. In die tijd was ik nog niet zo lang christen, maar toch herkende ik in haar woorden een vloek die probeerde te landen. Enkele seconden voelde ik angst en toen, in mijn gedachten, weigerde ik het te accepteren. Ik nam echter niet de volgende stap om haar te zegenen. Nadat ik haar toestemming had gevraagd voor haar te bidden wat er op mijn hart lag, had ik iets kunnen zeggen als:

Deborah (niet haar echte naam), ik bind de invloed van hekserij in jouw leven. Ik zegen je in Jezus' naam. Ik verklaar de goedheid van God over jou. Mogen Gods bedoelingen voor jouw leven vervuld worden... Ik zegen jouw gaven, mogen zij jouw toekomstige werkgever zegenen en glorie aan God brengen. Mag jij de geweldige vrouw van God worden zoals Hij jou bedoeld heeft. In Jezus' naam, amen.

Zegenen van hen die jou pijn doen of jou afwijzen
Ik bad eens voor een vrouw die emotioneel en finan-

cieel worstelde nadat haar man haar had verlaten. Ik vroeg haar of zij haar man kon vergeven. Nou, dat was erg moeilijk, maar ik moet het haar nageven, zij deed het. Toen vroeg ik haar of zij haar man kon zegenen. Ze was enigszins geshockeerd, maar bereid het te proberen. Hoewel haar man niet aanwezig was, leidde ik haar ongeveer als volgt:

> *Ik zegen jou, mijn echtgenoot. Mogen al Gods plannen voor jouw leven en ons huwelijk in vervulling gaan. Mag jij de man, de echtgenoot en de vader worden zoals God jou heeft bedoeld. Mag Gods genade en gunst met jou zijn. In Jezus' naam, amen.*

In het begin was het ongemakkelijk, maar toen raakte Gods Vaderhart haar aan en viel Gods zalving. Wij huilden allebei terwijl de Heilige geest haar diende en, zo geloofde ik, ook haar man. Gods wegen zijn niet onze wegen.

Om in soortgelijke situaties te zegenen is zo moedig – zelfs majestueus – en zoals Christus het zou doen.

Het is Gods hart de onwaardige te zegenen – het is, om zo te zeggen, Zijn specialiteit. Denk maar aan de dief die naast Jezus werd gekruisigd, of de vrouw die was betrapt op overspel. Hoe zit het met jou en mij?

Zegenen is 'onwerelds' en gaat tegen onze intuïtie in – het is niet iets waar mensen zich in pijnlijke situaties van nature toe gedrongen voelen. Maar het is Gods manier, en het kan zowel degene die zegent als degene die gezegend wordt, genezen. Het kan de giftige golf van bitterheid, wraak, rancune en boosheid afwenden die anders je lichaam kan beschadigen en je leven inkorten.

Hier is een email die ik onlangs van Denis ontving:

Ongeveer drie maanden geleden sprak ik met mijn broer aan de telefoon. Wij hebben niet veel contact omdat hij in een andere stad woont en werkt.

Toen wij ons gemoedelijke gesprek wilden beëindigen, vroeg ik hem of hij het goed vond dat ik het bedrijf, dat hij samen met zijn vrouw runde, zou zegenen. Hij reageerde daar niet goed op. Hij werd erg grof en zei enkele dingen die mij echt van slag brachten, en ik vroeg mij af of onze relatie voorgoed was beschadigd. Echter, in de dagen en weken die erop volgden – terwijl ik gewoon mijn gang ging – paste ik de principes van de ontzagwekkende kracht van zegenen toe, door Gods gunst over het bedrijf van mijn broer uit te spreken. Soms deed ik dit twee of drie keer op een dag. Na drie maanden, de dag voor Kerstmis, belde mijn broer me op alsof er niets was gebeurd. Ik was erg verbaasd over zijn vriendelijke houding en ook was er totaal geen rancune tussen ons.

De ontzagwekkende kracht van het zegenen van omstandigheden die buiten onze controle liggen werkt echt... Prijs de Heer!

Zegenen van hen die je hebben geprovoceerd

Een van de dingen die sommigen van ons erg kwaad kunnen maken, is wanneer mensen in het verkeer egoïstisch, onzorgvuldig of oneerlijk zijn. Dat komt regelmatig voor. Onchristelijke woorden komen in onze gedachten op en schieten als een vlam uit onze mond. Wanneer dat gebeurt, vervloeken wij iemand die door God is gemaakt en die God liefheeft. God zou die persoon wel eens kunnen verdedigen.

Probeer, de volgende keer dat het gebeurt, de andere weggebruiker te zegenen in plaats van boze woorden te spreken:

Ik zegen die jonge man die me net afsneed (in de rij voordrong). Ik verklaar Uw liefde over hem, Heer. Ik zet Uw goedheid over hem en al Uw bedoelingen voor zijn leven vrij. Ik zegen deze jonge man en roep zijn potentieel tot aanzijn. Mag hij veilig thuis komen en een zegen voor zijn familie zijn. In Jezus' naam, amen.

Of iets minder formeel:

Vader, ik zegen de bestuurder van die auto, in Jezus' naam. Mag Uw liefde hem achtervolgen, inhalen en arresteren!

Een van mijn lezers maakte een interessante opmerking:

> *Het is mij opgevallen dat zegenen mij heeft veranderd. Ik kan mensen die mij hebben geïrriteerd niet zegenen en dan vervolgens slecht over hen spreken – of zelfs verkeerd over hen denken. Dat zou verkeerd zijn. In plaats daarvan kijk ik uit naar de goede resultaten die uit het zegenen voortkomen… – Jillian*

Ik had ooit een vriend, John genaamd, die mij uitnodigde om over een conflict binnen de familie te bidden. Het ging over een erfenis. Het geschil was slepend en werd steeds onverkwikkelijker. Ik stelde voor om in plaats van voor de situatie te bidden, deze te zegenen.

> *Wij zegenen deze situatie van het geschil over deze erfenis in Jezus' naam. We komen op tegen verdeeldheid, twist en strijd en zetten rechtvaardigheid, redelijkheid en verzoening vrij. In het zegenen van deze situatie, zetten wij onze eigen gedachten en verlangens opzij en laten God vrij*

om Zijn bedoelingen voor de verdeling van de erfenis te activeren. In Jezus' naam, amen.

Binnen een paar dagen was de zaak op vriendschappelijke wijze opgelost.

Ik vind het geweldig wat een van mijn andere lezers te zeggen had:

Ik ben volkomen verrast door de snelle 'reactie-tijd' die ik bij het zegenen van anderen heb gezien. Het is alsof de Heer klaarstaat om in liefde naar mensen uit te reiken, wanneer wij maar bereid zijn om de gebeden van zegen te uiten. – Voorganger Darin Olson, Junction City, Oregon Nazarene Church

Zegenen kan onze wereld werkelijk veranderen.

ONSZELF ZEGENEN IN PLAATS VAN VERVLOEKEN

Het herkennen en breken van vloeken
Hoe algemeen zijn deze gedachten: 'Ik ben lelijk', 'Ik ben dom', 'Ik ben onhandig', 'Ik ben traag van begrip', 'Niemand houdt van mij', 'God zal me nooit kunnen gebruiken', 'Ik ben een zondaar…'? Er zijn zoveel leugens die satan ons wil doen geloven.

Ik heb een vriendin die dit voortdurend doet en dat maakt me verdrietig. 'O, Rose (niet haar echte naam), sufferd. Je hebt het weer verprutst. Je kan ook niets goed doen…'

Herhaal of accepteer deze vloeken niet! Zegen jezelf in plaats daarvan.

Ik herinner me een bijzondere situatie met een gebedsgroep. Ik onderscheidde een geest van waardeloosheid over een vrouw die was gekomen om

Onszelf zegenen in plaats van vervloeken | 53

gebed te ontvangen. Tijdens het gebed zei ze, 'Ik ben dom'. Ik vroeg haar waar zij dat had gehoord. Zij vertelde me dat haar ouders dat tegen haar hadden gezegd. Hoe verdrietig… en hoe vaak komt dit wel niet voor!

Ik leidde haar in gebed, ongeveer als volgt:

> *In Jezus' naam vergeef ik mijn ouders. Ik vergeef mijzelf. Ik verbreek de woorden die mijn ouders over mij hebben uitgesproken. Ik heb de gezindheid (het gedachtengoed) van Christus ('the mind of Christ'). Ik ben slim.*

Kortom: we stuurden de geesten van afwijzing en waardeloosheid weg en zegenden haar toen en spraken over haar uit dat zij Gods prinses was, dat zij waardevol voor Hem was, dat God haar zou gaan gebruiken om anderen te zegenen en emotionele genezing en hoop aan anderen te brengen. Ik heb haar heel vrijmoedig gezegend.

Langzaam eigende zij zich de zegen toe. Ze begon te stralen. De volgende week vertelde zij hoezeer het haar goed had gedaan. Wij kunnen onze wereld echt veranderen.

Iedereen kan dit doen. De Bijbel staat vol met Gods bedoelingen voor mensen en wij kunnen deze bedoelingen over hen uitspreken.

Ik wil graag een ander voorbeeld delen. Ik bad kortgeleden voor een vrouw die pijn in haar maag had. Terwijl ik bad, viel de Heilige Geest op haar en klapte zij dubbel terwijl de demonen haar verlieten. Een paar dagen lang was alles in orde en toen kwam de pijn weer terug. Zij vroeg 'Waarom, Heer'? Zij had de indruk dat de Heilige Geest haar eraan herinnerde dat enige tijd daarvoor, terwijl zij deelnam aan een kamp, iemand tegen haar had gezegd om de kip goed te bereiden, anders zouden mensen ziek worden. Ze antwoordde dat zij de eerstvolgende dagen niet ziek wenste te worden (de duur van de conferentie), maar daarna zou het niet uitmaken. Zij moest de kracht van die ondoordachte woorden verbreken, waarna zij direct weer gezond werd.

Je mond zegenen

Ik zeg mijn mond om dat wat kostbaar is en niet wat waardeloos is te uiten, en als de mond van de Heer te zijn (gebaseerd op Jeremia 15:19).

Veel van Jezus' wonderen werden door spreken verwezenlijkt. Bijvoorbeeld, *'Ga heen, uw zoon leeft!'* (Johannes 4:50). Ik wil dat. Dat is waarom ik mijn mond zegen en waak over wat eruit komt.

Mijn vrouw en ik verbleven eens in een hotel in Noumea. De hele nacht konden wij een baby onafgebroken horen huilen. Na enkele van dit soort nachten ging mijn vrouw naar de aangrenzende verdieping en vroeg de moeder wat er aan de hand was. De vrouw wist het niet, maar zei dat de dokter de baby een derde kuur antibiotica had gegeven en dat niets werkte. Mijn vrouw vroeg haar of ik voor de baby mocht bidden en zij stemde toe, hoewel nogal sceptisch. In mijn zeer matige Frans bad ik voor de baby en sprak in geloof over het kind uit dat zij 'als een baby zou slapen'. En dat deed ze.

Je denken zegenen
Ik zeg regelmatig:

> *Ik zegen mijn denken; ik heb de gezindheid, de gedachten van Christus. Daarom denk ik Zijn gedachten. Mag mijn denken een heilige plaats zijn waar de Heilige Geest het prettig vindt om te verblijven. Mag het woorden van kennis en wijsheid en openbaring ontvangen.*

Van tijd tot tijd worstel ik met onreine gedachten, en ik merk dat dit helpt. Ik zegen ook mijn voorstellingsvermogen, dat dit ten goede en niet ten kwade zal worden gebruikt. Kortgeleden had ik problemen met mijn voorstellingsvermogen – mijn gedachten dwaalden af naar allerlei ongewenste plekken – en God gaf me de indruk, *'Stel je voor hoe Jezus Zijn wonderen doet ... Stel je dan voor hoe jij ze zelf doet'.* Ik heb gemerkt dat het veel effectiever is om over iets goeds te denken (Filippenzen 4:8) dan ergens niet over te mogen denken! Je mond en je voorstellingsvermogen zegenen is een grote hulp in het bereiken van heiligheid.

Toen ik me een keer terneergeslagen voelde vanwege een mislukking in mijn gedachteleven, borrelden de woorden van een oud lied in mijn hart naar boven:

Weest U mijn visie, O, Heer van mijn hart
Buiten U is voor mij al het andere van geen waarde
U bent mijn beste gedachte, bij dag en bij nacht
Wakend of slapend, Uw Tegenwoordigheid is mijn licht.

(Be thou my vision, O Lord of my heart
Naught be all else to me save that Thou art
Thou my best thought by day or by night
Waking or sleeping, Thy Presence my light.)

Onze lichamen zegenen
Ben je bekend met het vers: *'Een vrolijk hart bevordert de genezing'* (Spreuken 17:22)? De Bijbel zegt ons dat ons lichaam reageert op positieve woorden en gedachten:

Ik zegen mijn lichaam. Vandaag breek ik zwakheid van mij af. Ik zegen mijn fysieke gezondheid.

Ik keek eens naar een video over een man die een serieus hartprobleem had. Zijn bypass was geblokkeerd geraakt. Gedurende drie maanden zegende hij zijn aderen en verklaarde dat zij wonderlijk en prachtig gemaakt waren. Toen hij bij de dokter terugkwam, ontdekte men dat hij op wonderbaarlijke wijze een nieuwe bypass had gekregen!

Ik dacht, dat ga ik ook met mijn huid doen. Van mijn jeugd af aan had ik een probleem met beschadiging van mijn huid door de zon. Nu ik op leeftijd gekomen ben, kwamen er kleine vergroeiingen op mijn schouders en rug, die om de paar maanden door bevriezing werden verwijderd. Ik besloot mijn huid te zegenen. Eerst zegende ik hem in Jezus' naam. Maar toen las ik iets over de aard van de huid, dat mijn perspectief erop veranderde. Ik realiseerde me dat, hoewel ik ermee was bedekt, ik niet veel wist van het grootste orgaan van mijn lichaam. Ik had *erover* gesproken, maar ik had er nooit *tegen* gesproken. Ook twijfelde ik eraan of ik er ooit iets aardigs tegen had gezegd – in plaats daarvan klaagde ik erover. Ik was ondankbaar.

Maar de huid is verbazingwekkend. Het is een luchtverversings- en reinigingssysteem. Hij beschermt mijn lichaam voor indringers als virussen en hij geneest zichzelf. Hij bedekt en beschermt al onze binnenste delen en doet dat fantastisch.

Dank U, God, voor de huid – rimpels en al. Huid, ik zegen je.

Na enige maanden mijn huid zo te hebben gezegend, is deze nu bijna helemaal genezen, maar de sleutel was dat ik mijn huid ging waarderen en er dankbaar voor was. Mijn huid is wonderlijk en prachtig gemaakt. Echt een bijzondere les. Mopperen staat het Koninkrijk van God in de weg; dankbaarheid trekt het aan.

Hier is een getuigenis van mijn vriend, David Goodman:

Enige maanden geleden hoorde ik Richard

spreken over het onderwerp zegenen – een tamelijk onschuldig onderwerp, maar een dat bleef nagalmen vanwege het gezichtspunt van waaruit het werd gebracht. De conclusie was dat zegenen niet iets hoeft te zijn waar wij God om vragen. Wij hebben als christenen de autoriteit gekregen, zo niet de verantwoordelijkheid, om deze gevallen wereld te zegenen en, als ambassadeurs van Christus, de levens van andere individuen voor het Koninkrijk van God te beïnvloeden. Wij kunnen erop uit gaan, hun leven zegenen en tegelijkertijd Christus aan hen openbaren.

Wanneer het anderen betreft, is dit een mooi idee, maar toen ik moest overwegen mijzelf te zegenen, vond ik dat heel confronterend. Ik kon de indruk niet van mij afschudden dat ik het niet waard was, dat ik zelfzuchtig was, dat ik God voor lief nam. Mijn ideeën veranderden toen ik zag dat wij als christenen een nieuwe schepping zijn, wedergeboren en voor een doel geschapen dat God voor ons heeft voorbereid. Om die reden zullen wij het lichaam dat wij nu hebben,

*moeten waarderen en ervoor moeten zorgen –
wij zijn tenslotte een tempel voor de inwonende
Heilige Geest.*

Dat gezegd hebbende, begon ik een kort experiment: elke dag, wanneer ik wakker werd, zou ik een deel van mijn lichaam zegenen, het bedanken voor zijn functioneren; het prijzen voor een weluitgevoerde taak. Ik zou mijn vingers prijzen voor hun behendigheid, voor de vaardigheid in het uitvoeren van alle taken die van hen gevraagd werden en meer dan dat. Ik zou mijn benen prijzen en bedanken voor de onvermoeibare taak van het mij verplaatsten, hun snelheid en voor hun vermogen in eenheid samen te werken. Ik prees mijn lichaam voor alle delen die samenwerkten. Hier kwam iets aparts uit voort.

Omdat ik mij fysiek en mentaal zoveel beter voelde, richtte ik mijn gedachten op de pijn die ik al enige maanden in mijn onderarm had – een pijn die in het bot leek te zitten en waar ik regelmatig overheen moest wrijven om het constante kloppen wat te verlichten. Ik richtte me op dit gebied, prees mijn lichaam voor het genezende vermogen, voor de vasthoudendheid om die dingen waardoor het wordt aangevallen, te overwinnen, voor de ondersteuning die andere delen konden geven terwijl herstel aan een ander deel kon worden gebracht. Het was slechts ongeveer drie weken later dat ik op een morgen wakker werd en me realiseerde dat ik geen enkele pijn meer in mijn arm voelde; dat de pijn volledig was verdwenen en niet was teruggekeerd.

Ik begon me te realiseren dat, hoewel er zeker tijd en plaats is om de gave van genezing door geloof ten behoeve van anderen uit te oefenen, er ook een andere weg voor ons als individuen openligt om de gave van genezing in onszelf toe te passen. Het is een les in nederigheid, dat we datgene dat God aan ons nieuwe lichaam heeft gegeven, kunnen vertrouwen en dat we met vertrouwen op een nieuwe en levende manier in ons leven vooruit kunnen gaan.

Je huis, huwelijk en kinderen zegenen

Je huis – een karakteristieke zegen voor je huis

Het is een goed idee je huis te zegenen en deze zegen tenminste een keer per jaar te vernieuwen. Het zegenen van de plaats waar je woont, houdt eenvoudigweg in dat je jouw geestelijke autoriteit in Christus Jezus gebruikt om die plaats aan de Heer toe te wijden en te heiligen. Je nodigt de Heilige Geest uit te komen, en al het andere dat niet van God is beveel je weg te gaan.

Een huis bestaat niet alleen uit stenen en cement – het heeft ook persoonlijkheid. Net zo goed als jij nu legaal toegang tot je huis hebt, had iemand anders voor jou eerder recht tot je huis of bezit. Er kunnen in het huis dingen hebben plaatsgevonden die of zegeningen of vervloekingen brachten. Wat er ook gebeurd is, het is jouw autoriteit die bepaalt hoe vanaf nu de geestelijke atmosfeer zal zijn. Wanneer er nog steeds demonische activiteit gaande is vanwege voorgaande eigenaars, zul je dat zeer waarschijnlijk merken – en het is aan jou om deze machten te verdrijven.

Natuurlijk zul je jezelf moeten afvragen welke demonische machten jij misschien zelf onbewust toegang tot jouw huis hebt gegeven. Heb je ongoddelijke schilderijen, voorwerpen, boeken, muziek of DVD's in huis? Welke TV programma's laat je toe? Is er zonde in je huis?

Hier is een eenvoudig gebed dat je kan uitspreken terwijl je van kamer tot kamer door je huis loopt:

> *Ik zegen dit huis, ons thuis. Ik verklaar dat dit huis God toebehoort, ik wijd het aan God toe en plaats het onder de heerschappij van Jezus Christus. Het is een huis van zegen.*
>
> *Ik verbreek elke vloek in dit huis met het bloed van Jezus. Ik neem autoriteit over elke demon in Jezus' naam en beveel hen nu te verdwijnen en nooit meer terug te keren. Ik werp elke geest van ruzie, verdeeldheid en onenigheid uit. Ik werp de geest van armoede uit.*
>
> *Kom Heilige Geest en verwijder alles dat niet van U is. Vul dit huis met Uw tegenwoordigheid.*

Laat Uw vrucht komen: liefde, blijdschap, vrede, vriendelijkheid, geduld, goedheid, zachtmoedigheid, trouw en zelfbeheersing. Ik zegen dit huis met vrede die overstroomt en met overvloedige liefde. Mogen allen die hier komen, Uw aanwezigheid ervaren en gezegend zijn. In Jezus' naam. Amen.

Ik heb rond de grens van mijn bezit gewandeld, het gezegend en het bloed van Jezus Christus geestelijk toegepast, voor de bescherming van het bezit en van de mensen erin, tegen elk kwaad en tegen natuurrampen.

Jouw huwelijk

Wij hebben het soort huwelijk dat wij zegenen of we hebben het soort huwelijk dat wij vervloeken.

Toen ik deze bewering voor het eerst las in Kerry Kirkwood's boek '*De Kracht van Zegenen*' was ik enigszins geschokt. Is dit waar?

Ik heb er heel lang over nagedacht en ik geloof dat

deze woorden in grote lijnen waar zijn – het ongelukkig zijn met ons huwelijk of met onze kinderen is te wijten aan het feit dat wij hen niet zegenen! Door te zegenen, ontvangen wij in overvloedige mate Gods voorgenomen goedheid over ons – inclusief een lang leven en gezonde relaties. Wij worden deelgenoten of partners van datgene wat en diegene die wij zegenen.

Kijk uit voor vloeken. Echtgenoten en echtgenotes kennen elkaar zo goed. Wij kennen al de gevoelige plekken. Zeg jij wel eens iets zoals dit? Zijn dit soort dingen wel eens over jou gezegd? 'Je luistert nooit', 'Jouw geheugen is een ramp'. 'Je kunt niet koken', 'Je bent hopeloos met...' Als het vaak genoeg wordt gezegd, worden deze woorden vervloekingen en worden bewaarheid.

Vervloek niet; zegen. Onthoud, wanneer je vervloekt (je spreekt woorden van dood) dan zul je de zegen die God je wil geven, niet beërven. Erger nog, vervloeken heeft meer invloed op ons dan op degene die we misschien vervloeken. Zou dat een reden kunnen zijn dat gebeden niet worden beantwoord?

Leren om te zegenen kan als het leren van een nieuwe taal zijn – eerst wat onbeholpen. Bijvoorbeeld,

Nicole, ik zegen jou in de naam van de Vader, de Zoon en de Heilige Geest. Ik zet al Gods goedheid over je vrij. Mogen Gods bedoelingen voor jouw leven vervuld worden.

Ik zegen je gave om mensen te ontmoeten en lief te hebben, je gave van warme gastvrijheid. Ik zegen jouw gave om mensen op hun gemak te stellen. Ik verklaar dat jij Gods gastvrouw bent, dat je mensen ontvangt zoals Hij dat zou doen. Ik zegen je met energie om dit zelfs wanneer je ouder wordt te kunnen blijven doen. Ik zegen je met gezondheid en een lang leven. Ik zegen je met vreugdeolie.

Je kinderen

Er zijn veel manieren om een kind te zegenen. Hier is een voorbeeld van hoe ik mijn kleindochter van vier jaar oud zegen:

Ashley, ik zegen jouw leven. Mag je een gewel-

dige vrouw van God worden. Ik zeg jouw verstand om helder te blijven en om in al jouw beslissingen wijsheid en onderscheid te hebben. Ik zegen je lichaam om zuiver te blijven tot het huwelijk en om gezond en sterk te zijn. Ik zegen jouw handen en voeten om het werk dat God voor jou heeft gepland om te doen, ook te doen. Ik zegen jouw mond. Dat hij woorden van waarheid en bemoediging zal spreken. Ik zegen jouw hart om trouw aan de Heer te zijn. Ik zegen jouw toekomstige man en de levens van jouw toekomstige kinderen met rijkdom en eenheid. Ik houd van alles wat jij bent, Ashley, en ik ben er trots op jouw opa te zijn.

Als een kind op een bepaald vlak worstelt, kunnen wij hen natuurlijk op dit vlak zegenen. Wanneer zij het moeilijk vinden op school te leren, dan kunnen wij hun verstand zegenen zodat zij zich de lessen herinneren en de inhoud begrijpen; wanneer zij worden gepest, dan kunnen wij hen zegenen om te groeien in wijsheid en grootte en gunst bij God en andere kinderen; enzovoort.

Ik herinner me dat ik met een geweldige vrouw van God over haar kleinzoon sprak. Alles wat zij over hem zei, richtte zich op zijn fouten, zijn rebelse houding en de gedragsproblemen die hij op school had. Hij was naar een kamp gestuurd om hem op het rechte en smalle pad te helpen, maar hij was naar huis gestuurd omdat hij voor zoveel onrust zorgde.

Nadat ik enige tijd geluisterd had, legde ik de vrouw uit dat zij onbedoeld haar kleinzoon vervloekte door de manier waarop zij over hem sprak, en dat zij hem met haar woorden gevangen zette. Zij besloot daarop niet langer negatief te spreken. In plaats daarvan zegende zij hem doelgericht. Haar echtgenoot, de grootvader van de jongen, deed hetzelfde. Binnen een paar dagen was de jongen volkomen veranderd en keerde naar het kamp terug, waar hij helemaal opbloeide. Wat een snelle reactie op de ontzagwekkende kracht van zegenen!

Een van de meest geweldige dingen die een vader aan zijn kinderen kan geven, is de zegen van een vader. Ik leerde hierover uit het boek *De Zegen van De Vader*, door Frank Hammond, wat een geweldig boek is. Zonder een zegen van de vader is er altijd een gevoel van een gemis – een leegte is ontstaan die door niets anders kan worden opgevuld. Vaders, leg handen op je kinderen en andere familieleden (i.e. leg je handen op hun hoofd of schouders) en zegen hen vaak. Ontdek de goede dingen die God voor zowel jou als hen wil doen.

Wanneer ik deze boodschap deel, vraag ik volwassen mannen en vrouwen, 'Hoeveel mensen hier hebben van hun vader ooit de handen opgelegd gekregen en een zegen van hem ontvangen?'. Slechts enkelen steken hun handen op. Vervolgens draai ik de vraag om: 'Hoeveel mensen hier hebben van hun vader nooit de handen opgelegd gekregen en een zegen ontvangen?'. Bijna iedereen steekt zijn hand op.

Vervolgens vraag ik of zij mij willen toestaan op dit moment een geestelijke vader voor hen te zijn – een plaatsvervanger – zodat ik, in de kracht van de Heilige Geest, hen kan zegenen met de zegen die zij nooit hebben ontvangen. De reactie was overweldigend: tranen, bevrijding, vreugde, genezing. Gewoon verbazingwekkend!

Wanneer je naar een zegen van een vader verlangt, net als ik, spreek dan het volgende hardop over jezelf uit. Het is een zegen uit Frank Hammond's boek die ik heb aangepast.

Een zegen van de vader

Mijn kind, Ik houd van jou! Jij bent speciaal. Jij bent een geschenk van God. Ik dank God ervoor dat Hij mij toestond een vader voor jou te zijn. Ik ben trots op je en verheug me over je. En nu zegen ik jou.

Ik zegen je met genezing van alle wonden in je hart – wonden van afwijzing, verwaarlozing en van misbruik dat je hebt geleden. In Jezus' naam breek ik de macht van alle wrede en onterechte woorden die over jou zijn uitgesproken.

Ik zegen je met overvloedige vrede, de vrede die alleen de Vredevorst kan geven.

Ik zegen jouw leven met vruchtbaarheid: goede vrucht, overvloedige vrucht en vrucht die blijft.

Ik zegen je met succes. Jij bent het hoofd en niet de staart; jij bent boven en niet beneden.

Ik zegen de talenten die God je heeft gegeven. Ik zegen je met wijsheid om goede beslissingen te nemen en je tot je volle potentieel in Christus te ontwikkelen.

Ik zegen jou met overvloedige voorspoed, die je in staat stelt om anderen te zegenen.

Ik zegen jou met geestelijke invloed, want jij bent het licht van de wereld en het zout der aarde.

Ik zegen jou met een diep geestelijk inzicht en een intieme wandel met jouw Heer. Jij zult niet struikelen of vallen, want het Woord van God zal een lamp voor je voeten zijn en een licht op jouw pad.

Ik zegen jou om vrouwen/mannen te zien zoals Jezus deed en doet.

Ik zegen jou om het kostbare goud – en niet het vuil – in mensen te zien, eruit te halen en te vieren.

Ik zegen jou om God in je werkplek vrij te zetten – niet alleen maar getuigen, of een goed voorbeeld te geven, maar ook om God te verheerlijken met het uitmuntende en creatieve van jouw werk.

Ik zegen jou met goede vrienden. Je zult gunst bij God en mensen hebben.

Ik zegen jou met overvloedige en overlopende liefde, van waaruit je Gods genade aan anderen kunt geven. Je zult Gods troostende genade aan anderen geven. Je bent gezegend, mijn kind! Je bent met alle geestelijke zegeningen in Christus Jezus gezegend. Amen!

De waarde van de zegen van een vader; getuigenissen

Ik werd gezegend door de zegen van de vader. Sinds ik geboren ben, heb ik nooit een boodschap als deze gehoord. Ik heb tot nu toe nooit een biologische vader gehad om in mijn leven in te spreken. God heeft jou, Richard, gebruikt om mij op een punt te brengen waar ik gebed en een geestelijke vader nodig had die een zegen van de vader over mij uitsprak. Toen jij een vader-tot-zoon zegen vrijzette, werd mijn hart getroost en nu ben ik blij en gelukkig. – Voorganger Wycliffe Alumasa, Kenia

Het is een lange en moeilijke reis geweest om mijn weg door depressie heen te navigeren; een strijd die op verschillende fronten werd uitgevochten: gedachten, geest, lichaam. Genezing van mijn verleden bleek de sleutel te zijn en er was geen stap zo belangrijk als het vergeven van mijn vader, niet alleen voor de pijnlijke dingen die hij in het verleden had gedaan, maar nog meer voor de dingen die hij niet had gedaan – zijn nalatigheid. Mijn vader heeft me nooit gezegd dat hij van mij hield. Hij had een emotionele blokkade. Hij kon geen liefdevolle, zorgzame, emotionele woorden bedenken en zeggen – ondanks een honger in mijn ziel om ze te horen.

Terwijl door de vergeving en de weg van innerlijke genezing mijn depressie verdween, droeg ik nog enkele fysieke symptomen – waarvan de grootste een spastische darm was. Mij waren door mijn dokter medicijnen en een dieet voorgeschreven, die weinig of geen effect hadden, en die waren bedoeld om de symptomen te beheersen, in plaats van in een remedie te voorzien.

Een vriend van mij, Richard, had mij verhalen verteld over de zegen van de vader, en wat de reactie van mensen was geweest. Iets in mijn geest pakte het idee op. Ik werd me ervan bewust dat, hoewel ik mijn vader had vergeven voor het gat dat hij had achtergelaten, ik dat gat in feite niet had gevuld of de honger in mijn ziel niet had bevredigd. En zo gebeurde het. Op een morgen in een café, tijdens een ontbijt, stapte Richard in de schoenen die mijn vader niet had kunnen vullen en zegende mij als een zoon. De Heilige Geest viel op mij en bleef de hele dag bij mij. Het was een prachtige ervaring en dat deel van mijn ziel dat het uitgeschreeuwd had, ontving vrede.

> *Een onverwacht gevolg was echter dat de symptomen van de spastische darm volledig verdwenen. Mijn medicijnen en het dieet van de dokter werden overboord gegooid. Toen mijn geest ontving waar hij naar had gehunkerd, werd mijn lichaam ook genezen. – Ryan*

Anderen zegenen door het profetische vrij te zetten
Hoewel ik een aantal voorbeelden heb gegeven om je op weg te helpen, is het goed de Heilige Geest te vragen je te helpen als Gods mond te zijn en Gods specifieke bedoelingen of een 'woord op de juiste tijd' uit te spreken en vrij te zetten. Wanneer de situatie het toestaat, activeer dan je geest door in tongen te spreken of te aanbidden.

Je kunt beginnen door de verschillende modellen zoals hierboven te gebruiken, maar vertrouw de Heilige Geest om je te leiden. Luister naar Zijn hartslag. Je begint misschien aarzelend, maar al snel zul je het hart van de Heer oppikken.

Je werkplek zegenen

Ga terug naar deel 1 en pas het voorbeeld dat ik gaf van mijn eigen ervaring aan jouw omstandigheden aan. Wees open voor wat God je laat zien – Hij zal je misschien een ander perspectief geven. Zegenen is niet een of andere vorm van magie. God zal mensen bijvoorbeeld niet dingen laten kopen die zij niet nodig hebben of willen. Noch zal God luiheid en oneerlijkheid zegenen. Maar wanneer je Zijn voorwaarden vervult, dan zou je jouw bedrijf moeten zegenen – dat God je zal helpen om het te brengen van waar het nu is tot waar Hij wil dat het is. Luister naar Zijn raad of de raad van mensen die Hij naar jou toestuurt. Wees open. Maar verwacht ook Zijn gunst, omdat Hij van je houdt en wil dat je succesvol zult zijn.

Ik ontving het volgende getuigenis van Ben Fox:

> *Mijn werk in het vastgoed onderging in de laatste jaren veranderingen en met mijn zaak ging het steeds slechter. Ik was naar verschillende mensen gegaan om voor mijn werk te bidden omdat ik steeds minder opdrachten kreeg tot op een punt waar ik bezorgd en angstig was.*

Rond dezelfde tijd, begin 2015, hoorde ik de heer Brunton een aantal preken houden over het zegenen van je baan, bedrijf, familie en andere gebieden. Tot dan toe was de focus van mijn gebeden gericht op God vragen mij in deze gebieden te helpen. Het idee dat wijzelf een zegen kunnen uitspreken, was mij nog nooit geleerd, maar ik kan nu zien dat door de hele Bijbel heen ertoe wordt aangespoord, en ik weet dat God ons roept en ons de autoriteit heeft gegeven om dit in Jezus' naam te doen. Zo begon ik mijn werk te zegenen – door het woord van God erover uit te spreken en God ervoor te danken. Ik volhardde elke morgen in het zegenen van mijn werk en ook dankte ik God voor nieuwe zaken, Hem vragend om cliënten die ik zou kunnen helpen.

Gedurende de volgende twaalf maanden nam de hoeveelheid werk sterk toe en sindsdien had ik het soms zelfs bijna te druk! Ik heb ontdekt dat we God ook in ons alledaagse werk kunnen betrekken en dat het zegenen van ons werk onderdeel is van waar God ons toe roept.

Daarom geef ik God alle eer. Ik begon ook de Heilige Geest in mijn werk uit te nodigen, Hem om wijsheid en creatieve ideeën vragend. In het bijzonder heb ik gemerkt dat wanneer ik de Heilige Geest vraag mij te helpen om efficiënt in het werk te zijn, ik meestal ruim voor de verwachte tijd klaar ben.

Het lijkt mij dat het onderwijs over het zegenen en hoe het te doen, door veel kerken is vergeten, aangezien andere christenen waarmee ik hierover spreek, zich er niet van bewust zijn. Het zegenen van mijn werk is nu een dagelijkse gewoonte geworden, net als het zegenen van anderen. Ik kijk ook met verwachting uit om de vrucht te zien in mensen en dingen die ik zegen, wanneer dit in overeenstemming is met Gods Woord en in Jezus' naam.

Zegenen van een gemeenschap

Hierbij denk ik aan een kerk – of vergelijkbare organisatie – die de gemeenschap waarin zij actief is, zegent.

Mensen van .... (gemeenschap), wij zegenen jullie in Jezus' naam, om God te kennen, om Zijn bedoelingen voor jullie leven te kennen, en Zijn zegeningen op ieder van jullie, jullie families en alle situaties van jullie levens te kennen.

Wij zegenen elk huishouden in .... (gemeenschap). Wij zegenen elk huwelijk en wij zegenen de relaties tussen familieleden van verschillende generaties.

Wij zegenen jullie gezondheid en jullie welvaart.

Wij zegenen het werk van jullie handen. Wij zegenen elke gezonde, valide onderneming waar jullie in betrokken zijn. Mag deze voorspoedig zijn.

Wij zegenen de leerlingen op jullie scholen; wij zegenen hen om wat hen onderwezen wordt te leren en te begrijpen. Mogen zij in wijsheid, in kracht en in de gunst bij God en mensen toenemen. Wij zegenen de leerkrachten en bidden dat de school een veilige en heilzame plek zal zijn, waar geloof in God en in Jezus op een prettige manier onderwezen kan worden.

Wij spreken tot de harten van alle mensen die van deze gemeenschap deel uit maken. Wij zegenen hen om open te zijn voor de zachte aandrang van de Heilige Geest en meer en meer ontvankelijk te worden voor de stem van God. Wij zegenen hen met de overvloed van wat wij van het Koninkrijk van de Hemel in .... (kerk) ervaren.

Het spreekt vanzelf dat dit soort zegen aan het soort gemeenschap aangepast moet worden. Wanneer het een agrarische gemeenschap is, zou je het land en de dieren kunnen zegenen; wanneer het een gemeenschap is waar werkloosheid algemeen is, zegen dan de lokale bedrijven om banen te creëren. Richt de zegen op de behoefte. Maak je geen zorgen over of zij het verdienen of niet! Mensen zullen in hun hart ervaren waar de zegen vandaan komt.

Het land zegenen

In Genesis zien we dat God de mensheid zegent, hen heerschappij over het land en alle levende dingen geeft, en hen opdraagt om vruchtbaar te zijn en zich te vermenigvuldigen. Dit was een aspect van de oorspronkelijke glorie van de mensheid.

Toen ik kortgeleden in Kenia was, ontmoette ik een zendeling die straatkinderen in huis nam en hen over landbouw onderwees. Hij vertelde mij het verhaal van een Moslim gemeenschap die beweerde dat hun land vervloekt was, omdat er niets op wilde groeien. Mijn zendingsvriend en zijn christelijke gemeenschap zegende het land en het werd vruchtbaar. Dit was een dramatische demonstratie van Gods kracht die door zegenen werd vrijgezet.

Terwijl ik in Kenia was, liep ik door het weeshuis dat onze kerk ondersteunde. Ik zegende hun boomgaard, hun tuin, hun kippen en hun koeien. (Ik heb mijn eigen fruitbomen gezegend, met geweldig resultaat.)

Geoff Wiklund vertelt een verhaal van een kerk op

de Filippijnen die een deel van het land bij de kerk zegende middenin een periode van ernstige droogte. Hun land was het enige plekje dat regen ontving. Aangrenzende boeren kwamen om water uit de sloten rondom het land van de kerk te verzamelen voor hun eigen rijst. Dit is een ander opvallend wonder waarin Gods gunst door zegenen werd vrijgezet.

De Heer zegenen
Hoewel ik dit tot het laatste heb bewaard, zou het eigenlijk eerst moeten komen. De reden echter dat ik het aan het eind heb geplaatst, is omdat het niet bij het model aansluit, namelijk 'het spreken van de bedoelingen en gunst van God over iemand of iets'. Hier heeft 'zegenen' eerder de betekenis van 'blij maken'.

Hoe zegenen wij God? Een manier om dit te doen wordt in Psalm 103 gedemonstreerd:

Loof de Heer, mijn ziel… En vergeet niet een van Zijn weldaden…

Wat zijn de weldaden van de Heer voor onze ziel? Hij vergeeft, geneest, verlost, kroont, verzadigt, vernieuwt...

Ik maak het tot een gewoonte om eraan te denken God elke dag te danken voor wat Hij in en door mij doet. Ik denk aan alles en waardeer alles wat Hij voor mij is. Dit zegent Hem, en mij ook! Hoe voel jij je wanneer een kind je bedankt of je waardeert voor iets wat je hebt gedaan of gezegd? Het verwarmt je hart en maakt dat je nog meer voor hen wilt doen.

Een laatste woord van een lezer

Het is moeilijk uit te leggen hoe zegenen mijn leven heeft veranderd. In mijn nog korte ervaring, heeft nog nooit iemand een zegen afgewezen wanneer ik aanbood een zegen te geven – ik had zelfs de kans een moslim man te zegenen. Om aan te bieden een zegen over iemands leven uit te bidden, opent een deur... Het is zo'n eenvoudige, niet-bedreigende manier om het Koninkrijk van God in een situatie of in iemands leven te brengen. Voor mij heeft de mogelijkheid een zegen uit te bidden een heel speciaal gereedschap aan mijn geestelijke gereedschapskist toegevoegd... het is alsof een deel van mijn leven voorheen miste en nu op zijn plaats is gevallen... – Sandi

TOEPASSINGEN

- Denk aan iemand die jou pijn heeft gedaan – indien nodig, vergeef, maar ga dan verder door hem of haar te zegenen.

- Denk na over dingen die je regelmatig zegt waar je anderen of jezelf mee vervloekt.

- Schrijf een zegen over jezelf, je echtgenoot, en je kinderen uit.

- Wees bij een ontmoeting met iemand open om over hem of haar te profeteren. Vraag God om openbaring van iets specifieks en bemoedigends voor die persoon. Begin in algemene termen te spreken, bijvoorbeeld: 'Ik zegen jou in Jezus' naam. Mogen Gods plannen en bedoelingen voor jouw leven in vervulling gaan…' en wacht dan, wees geduldig. Denk eraan dat je de gezindheid van Christus hebt. Wissel dan van rol en laat de andere persoon jou profetisch zegenen.

- Ontwikkel als kerk een gemeenschappelijke zegen om uit te reiken en jouw regio te genezen, of zegen de zending waar je al bij betrokken bent.

HOE WORDT JE EEN CHRISTEN

Dit boekje werd geschreven voor christenen. Met 'christenen' bedoel ik niet mensen die een goed leven leiden. Ik bedoel mensen die 'wedergeboren' zijn door de Geest van God en die Jezus Christus liefhebben en volgen.

Mensen zijn in drie delen gemaakt: geest, ziel en lichaam. De geest werd ontworpen om een heilige God, die Geest is, te kennen en met Hem te communiceren. Mensen werden gemaakt voor een intieme relatie met God, van geest tot Geest. Menselijke zonde scheidt ons echter van God, wat in de dood van onze geest resulteert en in verlies van de gemeenschap met God.

Als gevolg daarvan hebben mensen de neiging om alleen vanuit hun ziel en lichaam te opereren. De ziel bestaat uit het verstand, de wil en de emoties. Het resultaat hiervan is in de wereld overduidelijk: zelfzucht, trots, hebzucht, honger, oorlogen, en gebrek aan ware vrede en betekenis.

God had echter een plan om de mensheid te verlossen. God de Vader zond Zijn Zoon, Jezus, die ook God is, om als een mens op aarde te komen, om ons te laten zien hoe God is – *'wanneer je Mij hebt gezien, heb je de Vader gezien'* – en om de consequenties van onze zonde op Zich te nemen. Zijn afschuwelijke dood aan het kruis was al vanaf het begin gepland en werd in het Oude Testament in detail voorzegd. Hij heeft de prijs voor de zonde van de mensheid betaald. Goddelijke gerechtigheid werd vervuld.

Maar toen heeft God Jezus uit de dood doen opstaan. Jezus belooft dat diegenen die in Hem geloven ook uit de dood zullen opstaan om in eeuwigheid met Hem te zijn. Hij geeft ons Zijn Geest *nu,* als een garantie, zodat wij Hem zouden kennen en voor de rest van ons aardse leven met Hem zullen wandelen.

Dit is de kern van het Evangelie van Jezus Christus. Wanneer jij je zonde erkent en belijdt, wanneer je gelooft dat Jezus jouw straf op Zich genomen heeft aan het kruis en dat Hij uit de dood is opgestaan, dan zal Zijn gerechtigheid jou worden toegerekend. God zal zijn Heilige Geest zenden om jouw menselijke geest te regenereren – dat is wat 'wedergeboren' betekent – en je zult in staat zijn om God te leren kennen en intiem met Hem te communiceren – wat de reden is waarom Hij je überhaupt geschapen heeft! Wanneer je fysieke lichaam sterft, zal Christus je opwekken en je een glorieus, onvergankelijk lichaam geven. Wow!

Terwijl je op aarde blijft, zal de Heilige Geest (die ook God is) *in* jou werken (om je te reinigen en je in je karakter meer op Jezus te laten lijken) en *door* jou werken (om anderen te zegenen).

Zij die ervoor kiezen niet te ontvangen wat Jezus voor hen betaalde, zullen naar het oordeel gaan, met alle consequenties van dien. Dat wil je niet.

Hier is een gebed dat je kunt bidden. Wanneer je het oprecht bidt, zul je wedergeboren worden.

Lieve God in de hemel, ik kom tot U in de naam van Jezus. Ik erken voor U dat ik een zondaar ben. (Belijd al je zonden waarvan je je bewust bent.) Ik heb werkelijk berouw over mijn zonden en het leven dat ik zonder U heb geleefd en ik heb Uw vergeving nodig.

Ik geloof dat Uw enige Zoon, Jezus Christus, Zijn kostbare bloed aan het kruis heeft vergoten en voor mijn zonden is gestorven, en ik ben nu bereid me van mijn zonden af te keren.

U zei in de Bijbel (Romeinen 10:9) dat wanneer wij belijden dat Jezus Heer is en in ons hart geloven dat God Jezus uit de dood heeft opgewekt, wij behouden zullen worden.

Op dit moment belijd ik Jezus als Heer van mijn ziel. Ik geloof dat God Jezus uit de dood heeft opgewekt. Ik accepteer Jezus Christus nu als mijn eigen persoonlijke Verlosser en word nu, overeenkomstig Uw Woord, gered. Dank U, Heer, dat U zoveel van mij houdt dat U bereid was in mijn plaats te sterven. U bent verbazingwekkend Jezus, en ik houd van U.

Ik vraag U nu mij door Uw Geest te helpen de persoon te zijn zoals U mij bedoeld heeft te zijn, al van voor het begin van de tijd. Leid mij naar medegelovigen en de kerk van Uw keuze, zodat ik in U zal groeien. In Jezus' naam. Amen.

Dank je wel dat je dit boekje hebt gelezen. Ik zou het geweldig vinden om getuigenissen te ontvangen van hoe zegenen je leven heeft veranderd, of de levens van diegenen die je hebt gezegend.
Neem alsjeblieft contact met me op via:

richard.brunton134@gmail.com

www.ingramcontent.com/pod-product-compliance
Lightning Source LLC
Chambersburg PA
CBHW051408290426
44108CB00015B/2194